Y
+5804

Yf 7434

LA MERE
COQVETTE,
OV
LES AMANS
BROÜILLEZ,
COMEDIE.
REPRESENTEE
PAR LA TROVPE DV ROY.

Reuüllez parisiex demu 1730

A PARIS,

Chez **MICHEL BOBIN** & **NICOLAS LE GRAS**,
dans la Grand'Salle du Palais, à L. Couronnée,
& à l'Esperance.

M. DC. LXVI.
AVEC PRIVILEGE DV ROY.

PREFACE.

TOVT Paris a vû joüer en même temps sur deux Illustres Theatres, deux Comédies qui portoient le nom de la Mere Coquette, ou des Amans Broüillez. L'vne est d'vn fameux Autheur, qui a déja mis plusieurs Ouurages au jour, auec beaucoup d'applaudissement : & l'autre,

ã ij

celle qui a été reprefentée par la Troupe du Roy. Si ie dois retirer quelque gloire de cette derniere, c'eſt d'a-uoir été aſſez heureux pour inuenter vn Sujet qui ait pû feruir d'Idée à vn Autheur dont la reputation eſt ſi bien établie. Il a luy-méme auoüé que ie luy en fis confidence chez vne Perſonne de Qua-lité, qui s'en fouuient encor auſſi bien que luy. C'eſt vne verité qui paſſe pour conſ-tante: & ie ne dois pas me mettre en peine de la prou-uer, puis que des Perſonnes

de Naiſſance & dignes de
Foy, ont veu ma Piece, longtemps, auant que cet illuſtre
Autheur euſt commencé de
trauailler à la ſienne, & l'ont
méme dit à Sa Majeſté, lors
que nòtre guerre a fait le
plus de bruit, & qu'elle en
étoit importunée. Depuis, il
s'eſt auiſé de dire pour ſe juſ-
tifier, qu'il auoit tiré ſa Piece,
d'vn ſujet Eſpagnol : & dans
celle qu'il rapporte, on void
vne Tante qui éleue vne
Niéce, & qu'il dit luy auoir
fourny l'Idée de la Mere Coquette. Mais il eſt bien plus

vray-semblable que c'est la mienne, puis qu'il n'y a pas tant de différence de Mere à Mere, que d'vne Tante à vne Niéce. Peut-étre qu'il me dira que la Tante est vieille: mais cela ne doit produire aucun bel effet, puis qu'il n'est pas impossible qu'elle soit aussi jeune que sa Niéce, & que le Caractére de la Mere que nous auons fait parétre sur la Scéne, n'est plaisant qu'en ce qu'elle veut parétre aussi jeune que sa Fille, & que l'on est persüadé du contraire. Car on en pouroit

douter, fi c'étoit vne Tante,
puis que l'on parét quelque-
fois plus jeune que l'on n'eft:
mais il eft impoffible que l'on
ait cette penfée pour vne
Mére, quand méme elle pa-
rétroit auffi jeune que fa Fille.
C'eft ce qui rend le Caractére
de la Mére, ridicule, & cê qui
fait voir qu'il n'y a rien de
commun entre la Tante de
l'Efpagnol, & la Mére dont
ie luy ay fourny l'Idée. Pour
ce qui eft de quelques autres
penfées, où nous nous fom-
mes rencontrez, qui ne re-
gardent point la Mére Co-

quette, ie croy étre obligé de dire qu'elles font dans le Berger Extravagant, & en d'autres Lieux, & que ie les feray voir s'il en eſt befoin Quant au Caractere de la Seruante que l'on peut dire qui fait tout dans cette Piece, puis qu'en faiſant agir tous les autres, elle agit auſſi toujours Elleméme, ie feray voir à cet Autheur, la méme choſe dans le Romant de Caſſandre, & vne Lettre qui produit les mémes Effets que la nôtre de la Mére Coquette. Il eſt vray que c'eſt parmy des Perſonnes releuées : mais cela ne fait rien à nòtre Difpute. Voila à peu pres, les Endroits où nous pouuons nous étre rencontrez par la lecture de ces Liures là : mais pour ce qui regarde le Caractere de la Mére Coquette, ie crois en étre le feul Inuenteur, & que rien n'a pu luy en fournir l'idée, que les Vers que ie luy ay dis fur ce fujet. Au refte, comme ma Piece a cabalé toute feule, & que ie ne me fuis point mis en peine de la faire réüffir, ainfi que font quelques Autheurs, que la Caballe rend

illuſtres, elle n'a pas reſſem-
blé à celles qui font grand
feu d'abord, & qui tombent
apres, tout d'vn coup, puis
qu'elle a été plus ſuiuie à la
dixhuitiéme Repréſentation,
qu'à la premiére.

Extrait du Priuilege du Roy.

PAr Grace & Priuilege du Roy, Donné à Paris le 30. jour de Decembre 1665. Signé, Par le Roy en son Confei', DE SEIGNEROLLES: Il eſt permis à Pierre Traboüiller, Marchand Libraire a Paris, d'imprimer, ou faire imprimer, vendre & debiter vne Piece de Theatre. intitulée, LA MERE COQVETTE, ou LES AMANS BROÜILLEZ pendant le temps & eſpace de cinq ans, entiers & accomplis, à compter du jour que ladite Piece ſera achuée d'imprimer : Et defenſes ſont faites à tous Libraires, & autres, de quelque qualité & condition qu'ils ſoient, de l'imprimer, ou faire imprimer, à peine aux contreuenans de trois mille liures d'amende, de confiſcation des Exemplaires contrefaits. & de tous deſpens, dommages & intereſts, ainſi que plus au long il eſt porté par ledit Priuilege.

Regiſtré ſur le Liure de la Communauté, ſuiuant l'Arreſt de la Cour.   Signé, S. PIGET Syndic.

Ledit Sieur Traboüiller, a aſſocié audit Priuilege, Michel Bobin, Nicolas le Gras & Theodore Girard, auſſi Marchands Libraires à Paris, pour en joüir ſuiuant l'accord fait entr'eux.

Achevé d'imprimer pour la premiere fois, le 4. Ianvier 166.

Les Exemplaires ont eſté fournis.

ACTEVRS.

GERONTE, Pere d'Arimant.

ARIMANT, Amant de Belamire.

LVCINDE, Mere de Belamire.

IACINTE, Seruante de Lucinde,

BELAMIRE, Fille de Lucinde.

LE MARQVIS.

ERGASTE, Valet de Lucinde.

La Scene est dans vne Salle, chez Lucinde.

LA MERE
COQVETTE,
OV
LES AMANS BROVILLEZ.
COMEDIE.

ACTE I.
SCENE PREMIERE.

IACINTE, LVCINDE.

IACINTE.

Adame, d'où vous vient cette langueur
   mortelle ?
Vous êtes, quoy que Veuve, & jeune, &
   riche, & belle,
Vôtre Fille est bien faite, elle a beaucoup
d'esprit.

LVCINDE.

Ah! c'est de sa beauté que vient tout mon dépit.

A

Les Méres, tu le fçais, qui font encore belles,
Ne doiuent point auoir de Filles aupres d'elles.
Nos Attrais font toûjours éfacez par les leurs,
Ils fçauent, malgré nous, l'Art de vaincre les Cœurs;
Souuent, lors que l'on void la Fille auec la Mére,
I'entens certains difcours qui ne me plaifent guére,
Et des Gens qui tout bas, difent autour de moy,
Cet Objet rangera bien des Cœurs fous fa Loy.
Quand fa Mére étoit Fille, elle étoit auffi belle,
Ah! difcours trop piquans! loüange trop cruelle!
Laiffons là le Paffé, fi le Préfent eft beau,
Mes Appas, auant moy, n'iront point au Tombeau.
Si l'on examinoit les trais de mon Vifage,
Qui ne démentent point ceux de mon plus bas âge,
On verroit le fujet qui caufe mon ennuy;
Mais ayant prés de moy Belamire, aujourd'huy
Sans parétre plus vieille, on diroit que mon âge
Se void dans fa grandeur plus que fur mon Vifage;
Ie tâche, vainement, de flater ma douleur,
En me repréfentant que ie parés fa Sœur,
Et que deffus mon Front, tant de jeuneffe brille,
On la conoit trop bien, l'on fçait qu'elle eft ma Fille.

IACINTE.

Mais quoy! la marier, c'eft l'éloigner de vous,
Et ie ne comprens point, ie l'auoüe entre nous,
Pourquoy vous prétendez rompre fon mariage,
Ny pour quelle raifon i'entreprens cet Ouurage.

LVCINDE.

Quoy, tu ne conés pas, toy qui fçais mes Secrets,
Pourquoy i'agis ainfi, ny pour quels intéréts?

Apprend que ma douleur deuiendroit bien amére,
Si par ce trifte Hymen ie deuenois Grand'Mere.
Quoy, Grand'Mere! Ah ce nom m'éfraye au dernier
Sois feure qu'Arimant ne l'époufera point: · [poinct.
Et puis fi i'ofe, enfin, te l'auoüer fans honte,
Ie croy bien meriter les douceurs qu'il luy conte.
Comme tu me conés, tu l'as pû foupçonner,
Et m'as defobligée à ne pas deuiner.

IACINTE.

Ie deuinois fort bien, & n'ofois vous le dire;
Mais ie veux qu'Arimant luy laiffe Belamire,
Qu'il n'adore que vous : croyez affeurément,
Que dans peu cette Belle aura quelqu'autre Amant.

LVCINDE.

I'y vais mettre bon ordre, & ie veux que ma Fille
Suiue mes volontez, en époufant la Grille.
I'agiray doucement, va la faire venir,
Et vien voir de quel air ie vais l'entretenir.

Iacinte entre dans la Chambre de Belamire.

SCENE II.

LVCINDE *seule*.

IE l'aime, mais auffi ie m'aime vn peu plus qu'elle,
Ie ne la puis fouffrir, pource qu'elle eft trop belle.
Plût au Ciel qu'Arimant luy trouuât moins d'Appas,
Ie pourrois me réfoudre à ne l'éloigner pas.

SCENE III.

LVCINDE, BELAMIRE, IACINTE.

LVCINDE.

MA Fille, approchez-vous?

BELAMIRE.

Que voulez-vous, ma Mére?

LVCINDE.

Ma Fille, de ce nom tâchez de vous défaire,
Vous le dites fouuent, & fans neceffité:
Mais fçachez que les Gens qui font de qualité,
Ne difent point ma Mére, & qu'ils difent Madame.

Mais que ie fens pour vous de trouble dans mon Ame!
Vous grandiffez, ma Fille, & c'eft pourquoy ie dois,
Du Monde, ou du Conuent, vous faire faire chois.
Quãd i'y fonge vn momẽt, ma peine eft fans feconde,
Vous fouffririez beaucoup, fi vous reftiez au Monde.
Euft-on de grands Tréfors, fuft-on d'vn noble Sang,
Sans être mariée, on n'y tient point de rang.
Il faut donc s'embarquer dedans le Mariage,
Mais l'on fçait trop que c'eft vn pompeux Efclauage,
Vn Charme dangereux qui fçait nous éblouïr,
Vne Prifon ouuerte, & dont on ne peut fuir,
Vn Plaifir fans appas, vne Douceur amére,
Bref, le plus grand des Maux, & le plus ordinaire.
La Femme doit être humble, & feruir fon Epoux,
Endurer fon chagrin, endurer fon courroux,
Lors qu'vn Mary le veut, malgré nous il faut rire,
Manger fans auoir faim, pleurer quand il foûpire,
Et par vne rigueur pire que le Trépas,
Ne fe point ajufter quand il ne luy plaît pas.
On fouffre encor beaucoup dedans le Mariage,
Des Enfans qui nous font vieillir plûtot que l'âge,
Vn Epoux, en mourant, peut laiffer des Procez,
Qui nuifent à nos Biens, ainfi qu'à nos Attrais.
Tel eft le Mariage : & par l'experience,
On void que fes Plaifirs n'ont rien que l'apparence,
Que tous les Hommes font perfides, inconftans,
Et que leur plus grand feu ne dure pas longtemps.
On meine dans vn Cloître, vne plus douce vie,
De l'embarras du Monde, elle n'eft point fuiuie,
Et c'eft celle, à mon fens, que vous deuez choifir.

BELAMIRE.

Ie voudrois, de bon cœur, fuiure vôtre defir,

Mais,...

LVCINDE.

Suiuez mes conseils, croyez que ie vous aime,
Quand malgré mó amour, qui pour vous est extréme,
Malgré les Déplaisirs qu'en secret i'en resens,
Ie me fais violence alors que ie consens
A vous laisser aller dans des Lieux où vôtre Ame
Ne doit iamais brûler que d'vne sainte flâme:
Et quand ie vous le dis, le iuste Ciel conêt
Si c'est pour vôtre Bien, ou pour mon Interêt.

BELAMIRE *en se reprenant.*

Mais ma Mére,.... Excusez, le trouble de mon Ame
Me faisoit oublier qu'il faut dire Madame.

LVCINDE.

Ie conoy que le Monde a pour vous des appas,
Vous vous perdez, ma Fille, & vous n'y pensez pas.

BELAMIRE.

Ne peut-on pas par tout,...;

LVCINDE.

Pût à Dieu qu'à cet âge
Mon Bonheur m'eût offert vn pareil auantage!

BELAMIRE.

Mais, mon Pere, Madame, étoit-il Homme?...

LVCINDE.

Oüy;
Mais l'on en trouue peu de pareils aujourd'huy.

BELAMIRE.

Peut-être que le Ciel à mes vœux fauorable,
Pourra dans Arimant, m'en donner vn semblable.

LVCINDE.

Le Ciel dans vos Amours ne prendra point de part.

BELAMIRE.

Madame, il faut donner quelque chose au hazard.

LVCINDE,

Vous y serez trompée.

BELAMIRE.

Il est vray, ie puis l'étre.
Mais quoy, ne faut-il pas qu'vn Mary soit le Maître?

LVCINDE.

Rentrez, impertinente, & ne répondez pas,
Ostez ces Mouches là. mettez des Souliers bas,
Les hauts Talons pour vous ne sont pas à la mode,
Et puis cette chaussure est beaucoup incommode.

BELAMIRE.

Mais....

LVCINDE.

Mais r'entrez, vous dis-je, & ne repliquez pas,
Faut-il qu'aupres de Moy ie voye tant d'Appas?

***

SCENE IV.
LVCINDE, IACINTE.
LVCINDE.

VOy qu'elle parêt grande, & regarde, Iacinte,
Si mon Ame a sujet d'étre ouuerte à la plainte?
Elle n'a pas quinze ans, & tu sçais toutesfois,
Que tout le monde veut qu'elle en ait vingt & trois.
Quoy que ie sois encor dans vn assez jeune âge,
Ie verray, deuant moy, chacun luy rendre hommage,
De ses brillans Appas conétre le pouuoir.
Ah! deuois-je souffrir qu'elle prît l'habit noir?
Ce Penser me chagrine, & me rend inquiete.

IACINTE.

Madame, vous deuiez luy laisser la Bauette;
Mais puis que vous voulez luy rauir Arimant,
Ie veux, dés aujourd'huy, vous gagner cet Amant;
Et ie le vais contraindre à vous venir, luy-méme,
Declarer, que pour vous, son amour est extréme.

Ie veux que ces Amans ne se puissent souffrir,
Que de leur Ialousie ils ne puissent guérir,
Et que leur peine enfin soit & forte, & durable.
Ne croyez pas, au moins, Belamire coupable,
Quand vous verrez tantôt l'amoureux Arimant
L'appeller inconstante, auec emportement,
Querellez là pourtant, paressez en colere,
Et laissez-moy le soin de conduire l'affaire.

LVCINDE.

Ie te le laisse entier : mais sois seure pourtant
Que ie reconétray ce seruice important.

SCENE V.

IACINTE *seule.*

POur moy, ie veux toûjours bié seruir ma Maîtresse,
Elle a pour tous ses Gens vne grande tendresse,
Et n'en met point dehors, sans les récompenser,
Mais en seruant sa Fille, elle peut me chasser.
Non, il ne faut iamais seruir contre son Maître,
Puis qu'enfin, tôt ou tard, il peut le reconaître:
Toûjours au gros de l'Arbre on se doit attacher,
Et c'est le seul Appuy que l'on doit rechercher;
Qui n'en tient qu'vne branche, est mal en asseurance,
Et la crainte pour lors, surpasse l'esperance.
Mais ce n'est pas assez des desseins que i'ay faits,
Il faut trouuer moyen d'en venir aux effets.

Ie tiens de Belamire, à propos vne Lettre,
Qu'aux mains de son Amant ie doy tantôt remettre;
Comme elle est sans dessus, ie puis facilement.. ..
Mais joüons nôtre Rôle, & plaignons Arimant.

SCENE VI.

ARIMANT, IACINTE.

IACINTE *feignant de ne le pas voir.*

Qvi l'auroit pû préuoir!

ARIMANT.

Mais qu'as-tu donc, Iacinte?
Répons-moy.

IACINTE.

La douleur dont mon Ame est atteinte
Ne sçauroit s'exprimer.... Ciel! quelle lâcheté!
Faire pour le Marquis cette infidélité!
Quoy, trahir Arimant!

ARIMANT.

Hé! quoy donc, Belamire,....

IACINTE.

I'auois bien résolu de n'en iamais rien dire,

Mais vous m'auez furprife.

ARIMANT.

Helas! i'aurois juré
Qu'elle eût eu du mépris pour cet Euaporé,
Dont tout le Marquifat n'eft rien qu'vne Chimére;
Vn Songe déceuant, vn Titre imaginaire;
Et quoy que mon Parent, i'auoüeray qu'aujou-d'huy
L'on void fort peu de Gens qui foiét plus fous que luy.
Cependant, il fçait l'Art de diuertir mon Pére,
Et comme il a trouué le fecret de luy plaire,
Le bon Homme qui fçait qu'il n'a pas trop de Bien,
Pour en rire fouuent, ne luy refufe rien.
Il s'eft mis depuis peu le bel air dans la tefte.

IACINTE.

Ie croy que c'eft par là qu'il a fait la conquefte
Du Cœur de Belamire.

ARIMANT.

Eft-il poffible hélas!

IACINTE.

L'Ec'at, pour le beau Sexe, a de puiffans appas;
Et Belamire a crû, du moins ie le préfume,
Que l'on luy porteroit la Queuë en grand volume.

ARIMANT.

Quoy, d'elle tout à fait feray-je abandonné?

IACINTE

Voila pour le Marquis ce qu'elle m'a donné.

BILLET DE BELAMIRE.

IE croyois occuper vne place en voftre ame;
Mais qui peut bien paffer vn jour
Sans voir l'objet de fon amour,
Montre trop qu'il a peu de flame.
C'eft affez vous faire fçauoir
Que ie defire de vous voir,
Et ce que peut l'Amour dans le Cœur d'vne Femme.

IACINTE à Arimant.

Donnez.

ARIMANT.

Quoy, te la rendre!

IACINTE.

Ah! gardez d'en parler:
Hé quoy, voudriez-vous bien me faire quereller?
Si iamais Belamire en auoit quelque indice,
Ie n'aurois plus de lieu de vous rendre feruice.

ARIMANT luy jettant la Lettre.

Dy luy que deformais ie ne veux plus la voir,
Que fesyeux fur mon cœur n'ont plus aucun pouuoir,
Que ie la veux haïr, puis qu'elle eft infidelle,
Et que ie ne veux plus entendre parler d'elle.

Oüy,

Oüy, dy luy que... Mais quoy! mó cœur n'y cõfent pas.
Non.... Va, dy luy pourtant....

IACINTE.

Quoy?

ARIMANT.

Ie l'ignore helas!
Dépeint luy mon dépit, mon amour, & ma haine,
Parle luy de mon feu, parle luy de ma peine,
Dy luy qu'elle eſt encor dedans mon ſouuenir,
Fay luy bien voir ſa faute, & la fay reuenir;
Dy luy que ie l'adore, & que ie luy pardonne.
Quoy, donc, luy pardonner lorsqu'elle m'abandonne!

IACINTE.

Ah! vous l'aimez encor, & ce trouble d'eſprit...

ARIMANT.

L'Amour ne peut régner auec tant de dépit.
Quoy, l'Ingrate. au mépris de ma perſéuerance,
Apres m'auoir promis dés ſa plus tendre enfance;
De ne changer iamais, & de n'étre qu'à moy,
Ceſſe enfin de m'aimer, & me manque de foy!
Môtre à tous. que ſon cœur eſt rēply d'autres flámes,
Et ne peut étre exempt des foibleſſes des Femmes.

IACINTE.

Sçauez-vous ce qui peut la faire reuenir?

B

ARIMANT.

Non.

IACINTE.

Ie pourray demain vous en entretenir.
Adieu, ie suis pressée.

ARIMANT.

Encor vn mot, de grace,
Dy moy, si tu le sçais, ce qu'il faut que ie fasse?

IACINTE.

En feignant que sa Mére a sçeu vous enflámer,
Et que vôtre dessein est enfin de l'aimer,
Vous jetterez bientôt le trouble dans son Ame,
Et la ferez songer à sa premiere fláme.

ARIMANT.

Pour luy faire dépit, ie croy que dés ce jour,
Ie pourrois bien passer de la Feinte à l'Amour.

IACINTE.

Ce seroit vn peu trop, gardez vous de le faire,
On reuient à l'Amour, en quittant la Colére.

ARIMANT.

L'Ingrate! qui l'eût crû?

IACINTE.

I'ay dit la vérité:
Mais pour conétre mieux son infi lélité,
Chez eile, tous les jours, ayez soin de vous rendre,
Auecque le Marquis, vous la poutrez surprendre.
Il vient, vous perdrez tout, si vous vous découurez;
Quand vous aurez tout vû, pour lors vous parlerez.

SCENE VII.
ARIMANT, LE MARQVIS.
LE MARQVIS.

HE' bon jour, donc, Cousin.

ARIMANT.

Pourquoy ces réuerences?
Quand vous deserez vous de vos impertinences?
Tant de contorsions, de signes, & de cris,
Font de cinquante pas, reconétre vn Marquis.

LE MARQVIS *luy prenant la main.*

La Ioye, en te voyant, tellement me transporte....

ARIMANT.

Vous me romprez la main, en serrant de la sorte.

B ij

LE MARQVIS.

Que ie t'embrasse donc.

ARIMANT.

Ah! tout beau, c'eſt aſſez.

LE MARQVIS.

Soufre qu'encor vn coup....

ARIMANT.

Couſin, vous me bleſſez,
Ce rude embraſſement trop fortement m'oblige,
Ie ſuis eſtropié, vous m'étouffez, vous dy-je.

LE MARQVIS.

Ie ne te puis par là faire voir la moitié.....

ARIMANT.

On peut plus ſagement exprimer l'amitié,
Ces ſaluts du bel air, ſentent trop les gourmades,
Vous étoufez les Gens auec vos embraſſades,
Quand vous déferez-vous de toutes ces façons?

LE MARQVIS.

A moy, Couſin, à moy, me faire des Leçons!
Tu veux railler, ie croy.

ARIMANT.

C'eſt vn auis ſincére,
Comme vôtre Parent, ie ne me ſçaurois taire.

LE MARQVIS.

Tu ne conois pas bien les Gens de qualité,
Quand tu crois que leur air n'a rien que d'éuenté.
La liberté du Corps, loin d'être au rang des vices,
Fait voir que l'on ſçait bien faire ſes exercices,
Et rien ne charme plus qu'vn Homme bien diſpos.

ARIMANT.

Mais pourquoy ſe voûter, & faire le gros dos?

LE MARQVIS.

Cette habitude là ſe prend auprés des Dames,
Lors que l'on veut ſurprédre vne place en leursAmes,
Et qu'on leur parle bas, pour faire des Ialoux.

ARIMANT.

Ie le croy, mais adieu.

LE MARQVIS.

Couſin, que faites-vous?
Sçachez que vôtre Pére eſt auec Belamire,
Et depuis ce matin, on a dû vous le dire.
Ie doy l'y venir prendre, & ie vais l'y trouuer.

B iiij

ARIMANT.

Son inhumanité me fait icy resver,
Vous sçauez qu'au retour d'vn funeste Voyage,
On me vint rapporter qu'il auoit fait naufrage;
Vous me vistes alors, & vous n'ignorez pas
Auec quel déplaisir i'appris ce faux Trépas.
Cependant, vous sçauez qu'vsant de violence,
Depuis ce grand retour, il régle ma dépence,
Et prétend m'obliger d'étoufer vne ardeur
Que par son ordre exprés, i'ay fait naître en mô cœur.

LE MARQVIS.

Il voudroit t'empécher d'adorer Belamire.

ARIMANT.

Il ne me veut plus voir viure sous son Empire,
Et dit que ie pourray rencontrer aisément
Vn plus illustre Objet, plus riche, & plus charmant.

LE MARQVIS.

Il est vray, tu déurois quiter cette Coquette.

ARIMANT à part.

Oüy bien pour satisfaire à ta fláme secrete,
Lâche.

LE MARQVIS

Que dis-tu là?

ARIMANT.

Que méme contre Toy,
Ie la difputerois, qu'elle a reçeu ma foy.

LE MARQVIS.

Si fon Pére auoit pû fe tirer du naufrage,
Déja, depuis long temps, tu ferois en ménage.
Le tien à foixante ans, fut plus adroit que luy.

ARIMANT.

Quand i'y fonge, ie fens redoubler mon ennuy.

LE MARQVIS.

La Mére craint de voir marier Belamire.
Mais vôtre Pére vient.

ARIMANT.

Et moy ie me retire,
Et vous laiffe auec luy.

LE MARQVIS.

Vous ne ferez pas mal.
Il ne fçait pas qu'il a fon Pére pour Riual.

SCENE VIII.

LE MARQVIS, GERONTE.

LE MARQVIS.

Vous auez à loifi-, conté vôtre martyre.

GERONTE.

Déja, depuis long temps, i'ay quité Belamire,
Et i'ay, voulant t'attendre, été chez Clidamis,
Qui loge, tu le fçais, en ce méme Logis.

LE MARQVIS.

Vous auez tantót fait vótre Cour à merueille.

GERONTE.

Belamire, il eſt vray, n'eût iamais de pareille.
Comme Amy du Logis, par vn heureux Deſtin,
On m'a laiſſé chez eile, entrer dés le matin:
Elle ſortoit du Lit, & ſe chauſſoit encore,
Et i'ay vû des Beautez dignes qu'on les adore.
Ie n'y ſçaurois ſonger qu'auec mille tranſports,
Son habit laiſſoit voir la forme de ſon Corps,
Car rien ne le couuroit qu'vne Iupe légere,
Comme au ſortir du Lit, elle en met d'ordinaire.

C'eſt alors qu'en mon Cœur, imprimant ſes Appas,
Mon œil ſe figuroit ce qu'il ne voyoit pas.
J'ay moins ſenty de feu, pendant tout mon jeune âge,
Car ie le ſentois lors, monter ſur mon Viſage;
Et dans la forte ardeur de mes déſirs brûlans,
Ie ſentois que mes yeux étoient étincelans,
Et répandoient vn feu qui luy faiſoit conétre,
Que de ma paſſion ie n'étois plus le Maître:
Et cependant qu'ainſi ie me ſentois brûler,
Quand ie ne diſois mot, ie croyois luy parler.
J'auois lors des plaiſirs méſez de douces peines,
Ie ſentois tout mon ſang boüillir dedans mes veines,
Ie ſentois ce qu'on ſent lors que l'on ne ſent rien,
Ou que pour trop ſentir, on ne ſe ſent pas bien.

LE MARQVIS.

Peſte! tous ces tranſports marquoiét peu de vieilleſſe!

GERONTE.

Auſſi ie ſens encor vn reſte de Ieuneſſe,
Mais ſi fort, que ſans ceſſe, il trouble mon repos.

LE MARQVIS.

Vous auez de l'ardeur juſques au fonds des os.

GERONTE.

Ce n'eſt pas tout encor, cette Beauté parfaite,
Vn peu de temps apres, s'eſt miſe à la Toilette;
Tant qu'elle s'eſt tenuë aſſiſe à ſon Miroir,
J'ay goûté doublement, le plaiſir de la voir;

I'en voyois deux pour vne, & fa Glace fidelle
M'en préfentoit encor vne Image fi belle,
Que ie fuis affûré qu'elle ne fçauroit voir
Vn Objet auffi beau, que dedans fon Miroir.
En fuite, elle a défait, pour croître mon martyre,
Ses beaux & blons cheueux que tout le môde admire:
La Nature iamais n'en a fait de fi lons.
Puis qu'on les void tomber iufques à fes talons.
Pendant qu'on les peignoit prenât bien mes mefures,
J'en ay, fans être vû, ramaffé ces peignures.

Il les tire d'vn papier qu'il a dans fa poche,
& les baife.

Que voila qui contente vn Cœur bien amoureux!
Souuent, lors qu'elle auoit fa main à fes cheueux,
I'ay vû iufques au coude, vn Bras incomparable.

LE MARQVIS.

Sans l'autre, ce beau Bras n'auroit point de femblable.

GERONTE.

I'en admirois le tour, quand, contre fon deffein,
Vn' Epingle, en tombant m'a fait voir fon beau Sein,
Ie n'en fçaurois parler, qu'auffi-tôt dans mon Ame,
Ce penfer qui me plaît, ne réueille ma flâme.
Dés qu'on le void parêtre, on eft tout hors de foy,
On eût dit qu'il vouloit foûpirer auec moy,
Et qu'il prenoit pitié de mon fecret martyre.
Ah! qu'il eft doux de voir vn beau Sein qu'il foûpire!
Vn doux faififfement, vn friffon plein d'ardeur,
A cette veuë, a mis le trouble dans mon cœur;
Ie fuis refté fans force, & mefme fans parole:
Mais ce qui fait qu'à peine encor ie me confole,

Eft qu'en l'admirant trop, ie fuis à fes genoux,
Tombé tout interdit, fans vigueur, & fans pouls.
Mais comme elle ignoroit d'où venoit ma féblefle,
Elle a fceu l'imputer d'abord à ma vieilleffe,
Et cependant c'étoit d'vn grand excés d'amour.

LE MARQVIS.

Vous auez dû par là, faire bien vôtre Cour.

GERONTE.

Ie n'ay pû luy parler du Feu qui me déuore,
Ie tremblois, en voyant cet Objet que i'adore,
Et l'Amour m'impofant de trop feuéres Loix,
I'ay commis à mes yeux, l'office de ma voix.
Mais comme tu peux voir cette adorable Belle,
Et qu'elle aime à te voir venir fouuent chez elle,
Pour dire qu'elle void les Gens de qualité,
Car tu fçais que le Sexe a cette vanité,
Découure adrétement les Secrets de fon Ame;
Ecoute fi mon Fils parle encor de fa flâme,
Car tu fçais, entre nous, l'ordre qu'il a de moy,
Et tu fçais mérne enfin, qu'il ignore pourquoy.

LE MARQVIS.

Sçauez-vous qu'à moi-méme il eft venu s'en plaindre?

GERONTE.

Voy, fi ie n'aurois point d'autre Riual à craindre;
Et croy que fi ie viens à bout de mes fouhaits,
Toûjours du Marquifat i'entretiendray les frais.

LE MARQVIS.

Ie vous pourray dans peu donner quelque lumiere,
Et ie vous feruiray de la belle maniere;
I'écarteray tous ceux qui voudront luy parler,
Tout le Monde fait jour aux Galants du bel air.

Fin du Premier Acte.

ACTE II.
SCENE PREMIERE.
LVCINDE, IACINTE.

LVCINDE.

IE connois que Iacinte est Fille de
parole.

IACINTE.

D'vn Mary trépassé, le futur vous console:
Mais ne craignez-vous point qu'il ne reuienne?

LVCINDE,
Helas!
Ie croy qu'il est bien mort.

IACINTE.
Oüy, s'il n'en reuient pas;
Mais on reuient souuent, d'vn aussi long Voyage;
On peut ressusciter, quand on a fait naufrage,

C

Quoy qu'vn Homme ait esté blessé mortellement,
Et qu'vn Amy l'ait vû porter au Monument,
Il en reuient encor, & souuent dans l'Histoire
On voit des incidens moins faciles à croire.

LVCINDE.

Quand il mourut, Géronte étoit auecque luy:
Mais ne m'en parle plus, car ie mourrois d'ennuy.

IACINTE.

Parlons, donc, d'Arimant, peut-estre que vôtre Ame.
Mais qu'auez-vous encor? Vous soûpirez, Madame;
Gardez que le chagrin ne ternisse vos yeux;
Qui prend vn Mary neuf, doit oublier le vieux,
Puis qu'en se mariant, on promet....

LVCINDE.

                 Ah! Iacinte,
La douleur dont ie sens que mon Ame est atteinte,
Est de ne pouuoir pas oublier Arimant:
Quand le défunt mourut, ie crûs absolument,
Que pour d'autre iamais, ie n'aurois le cœur tendre;
Cependant, Arimant me force de me rendre.

IACINTE.

Ne songez qu'aux viuans, laissez les morts en paix.
Quand i'examine bien, tant d'aimables attrais,
Et que ie jette l'œil dessus vôtre Visage,
Ie voy que vous pouuez songer au Mariage.

LVCINDE.

Ma Fille eft auffi jeune, & plus belle que moy.

IACINTE.

Eh!

LVCINDE.

L'on n'en peut douter.

IACINTE.

Il eft vray, ie le croy.
Faut-il que la Nature ait des Loix fi feuéres,
Et que les Filles foient plus jeunes que les Méres,
Lors que les Méres font auffi belles que Vous?
C'eft vn cruel abus, & i'en fuis en couroux:
Car enfin fi le Sort vouloit que Belamire
Ne fût point vôtre Fille, on pourroit fort bien dire,
Que vous êtes plus jeune, & vos brillans Appas,
Perfuaderoient bien qu'on ne fe trompe pas.
Allez, confolez-vous, vous êtes au bel âge,
Vne Mére a toûjours plus d'efprit en partage,
Cela confole affez, d'vne douzaine d'ans.
Vôtre Fille eft encore au nombre des Enfans,
Et vous auez enfin l'auantage fur elle,
D'étre auec vôtre efprit, plus formée & plus belle,
Que vous auez d'éclat! que vos charmes font doux!
Ie fuis, ma foy, Madame, amoureufe de Vous.
Que vos Mouches font bien! que vous êtes bien mife!
Qui pourroit pres de Vous, conferuer fa franchife?
Que vos yeux font brillans! que vôtre teint eft clair!
Outre tous vos appas, vous auez le bon air,

C ij

Vous charmez tout le Monde, & iamais Belamire
Ne verra tant que Vous, de Cœurs sous son Empire.

LVCINDE.

Elle est, toutesfois, belle.

IACINTE.

Et vous l'étes aussy.

LVCINDE.

Mon âge, plus que tout, me donne du soucy.
Pour le persuader, quelque effort que ie tente,
Auoüant mes trente ans, on en croira quarante.
Mais ie vois Arimant.

IACINTE.

La Dupe est-elle à nous?
Il vient vous asseurer, qu'il n'adore que Vous.

SCENE II.

LVCINDE, ARIMANT, IACINTE.

ARIMANT.

Madame, ie sçay bien que ie vay vous surprendre,
Mais quand l'Amour cômande, on ne s'en peut
   defendre;
Qui choisit bien le temps, pour découurir son feu,
Fait ordinairement sçauoir qu'il en a peu;
Le trouble sféd bien mieux quâd l'amour est extréme,
Et trop de jugement, ne prouue pas qu'on aime;
Côme pour Vous mon cœur brûle depuis lôg-temps,
On ne me doit pas mettre au rang des Inconstans.
Auant qu'on m'eût iamais parlé de Belamire,
Ie vous aimois, Madame, & n'osois vous le dire,
Ie sçay que cette Belle a des charmes bien doux,
Mais ils paroissent peu, quand elle est pres de Vous.

LVCINDE.

Ma Fille n'est pas laide, & chacun le confesse,
Mais cet éclat luy vient de sa grande jeunesse,
Et tout le Monde dit, qu'on n'a veu de long temps,
Vne Mére si jeune, & de si grands Enfans.
Ie n'auois pas quinze ans, lors de mon Hymenée,
Et ie la mis au jour dés la premiere année;
Elle a crû depuis peu, mais furieusement,
Et ie n'y puis penser qu'auec étonnement.

ARIMANT.

Et la Mere, & la Fille, ont d'inuincibles charmes,
Et l'on ne peut les voir, sans leur rendre les armes;
Vos yeux, auec les siens, disputent de douceur,
Et ie voy qu'on la prend toûjours pour vôtre Sœur.

LVCINDE.

Bien d'autres, tous les jours, disent la méme chose,
Et font, sans y penser, cette metamorphose:
Mais ie croy n'auoir pas encor si peu d'esprit,
Que,...

ARIMANT.

Toûjours là-dessus, croyez ce qu'on vous dit;
Cela n'est pas nouueau, dans beaucoup de Familles,
Les Méres sont souuent plus belles que les Filles:
Et pour moy, quand ie voy vos attrais surprenans,
Ie croy ne voir en Vous, qu'vn Objet de quinze ans.

LVCINDE.

Vous me faites rougir auec cette loüange.

IACINTE à part.

Qu'il sçait bien luy grater l'endroit qui luy demange!

ARIMANT.

Quand de vos yeux. Madame, on a senty les coups,
On peut auec raison, parler ainsi de Vous;

Et voulant vous aimer d'vne ardeur eternelle,
Vous étes à mes yeux, auſſi jeune que belle.

IACINTE à part.

Voyez qu'il eſt adroit, de dire tout cela,
Et comme il la fait rire, en la prenant par là!

ARIMANT.

On voit dedans vos yeux vn certain feu qui brille,
Qu'on ne ſçauroit trouuer dans ceux de vôtre Fille,
Et vous auez, Madame, outre tous vos Appas,
Vn certain air du monde, encor, qu'elle n'a pas.

LVCINDE.

Ne me déguiſez rien, vous aimez Belamire,
Voſtre cœur a long temps reconu ſon empire:
Mais voyant, aujourd'huy, ſon infidélité,
Il a crû qu'il deuoit pencher de mon coſté.
Ie ne le puis nier, ſa lâcheté m'irrite,
Et ie n'eſtimerois pas moins vôtre merite,
Quand ſes yeux vous auroient fait ſentir leur pouuoir,
Comme elle a la premiere oublié ſon deuoir,
Vous pouuez la quitter, ſans montrer d'inconſtance.

ARIMANT.

Ie veux bien l'auoüer, ie l'aimay dés l'enfance.
Cependant, vous voyez comme ie ſuis traité
De cette imperieuſe & volage Beauté:
Non, ie n'euſſe iamais pû le ſoupçonner d'elle.
O Ciel! qui l'eût penſé! Belamire infidelle!

Belamire fans cœur, & fans amour pour moy!
Belamire perfide, inconftante, & fans foy?

LVCINDE.

Si vous la nommez tant, vous ferez bientoft croire....

IACINTE.

Ah! c'eft pour la chaffer plûtoft de ma mémoire;
Mon cœur plein de dépit, ceffe de l'adorer,
Et ie fens que l'Amour n'y fçauroit plus rentrer.
Eft-il rien de plus noir que fa lâche inconftance?
Elle m'auoit promis, dés fa plus tendre enfance,
D'étre toûjours fidelle, & de perdre le jour,
Plûtoft que d'étoufer vne fi forte amour.
Cependant, aujourd'huy, la méme Belamire....
Madame, obligez moy de ne m'en plus rien dire.

LVCINDE.

Mais vous n'y fongez pas, c'eft vous qui m'en parlez.

IACINTE à part.

L'Amour, affez fouuent, rend les Amans troublez.

ARIMANT.

Comme elle me promit icy d'étre fidelle,
Tout m'en fait fouuenir, & tout me parle d'elle:
Mais voulant oublier vn Objet fi leger,
Ie déurois fuir ces lieux, pour n'y iamais fonger.

LVCINDE.

Ah! vous l'aimez encor, & vous n'ofez le dire.

SCENE III.

LVCINDE, ARIMANT, BELAMIRE,
IACINTE.

BELAMIRE *d'vn peu loin.*

MAis ie vois Arimant.

ARIMANT.

l'apperçoy Belamire.

Sa Mere luy fait figne de
Il l'arrefte.   *rentrer, & elle fe retire.*

Qnoy, faut-il, pour me fuir, abandonner ce lieu?
Sçauez-vous que mon cœur brûle d'vn autre feu?

BELAMIRE.

Ie dois vous excufer, fi l'Objet eft aimable.

ARIMANT.

Que malgré mon dépit, ie vous trouue adorable!

LVCINDE *à Belamire, par derriere Arimant.*

Sortez donc.

ARIMANT.

Ah! souffrez qu'elle demeure icy.

LVCINDE.

Puis que vous le vouiez, ie le veux bien auſſy.

BELAMIRE.

Ie ne ſçaurois vous voir, & ie ſens que mon Ame....

ARIMANT.

Quoy que vous ayez fait, ne craignez rien, Madame.
Quand maigré le mépris qu'il doit auoir pour Vous,
Mon cœur ſent encor plus d'amour, que de courroux,
La dois-je ainſi traiter, à cauſe qu'elle eſt belle?
   En ſe tournant vers Lucinde.
Non, ie veux vous aimer d'vne ardeur eternelle,
         En ſe retournant peu à peu, vers Belamire.
Ie l'ay juré, Madame, & toutefois helas!
Que malgré mon dépit, ie luy trouue d'Appas!

LVCINDE.

Lorsque vous me parlez, vous penſez à ma Fille.

ARIMANT.

Mon cœur veut demeurer dedans vôtre Famille.

Il dit les six Vers suiuans en se retournant
toûjours deuers l'vne, & deuers l'autre.

En quittant Belamire, il vole deuers Vous;
Ie trouue vos Appas plus charmans & plus doux;
De vôtre Esprit diuin, la beauté me desarme,
Et la douceur m'en plaît, me rauit, & me charme;
Et ie dois auoüer que i'aime beaucoup mieux....
   Deuers Belamire.
Mais faut-il que toûjours ie rencontre ses yeux?

LVCINDE.

Entrons dedans ma Chambre.

ARIMANT *à Belamire.*

Entrons. Adieu, Madame.

SCENE IV.

BELAMIRE, IACINTE.

BELAMIRE.

C'En est fait, le dépit s'empare de mon Ame:
Tantost à tes discours i'adjoûtois peu de foy;
Mais ie dois à present, croire ce que ie voy.

IACINTE.

Quoy, vous me soupçonniez! I'auois tort de vous dire
Qu'il a pris vôtre Lettre; & qu'aprés, sans la lire,

Il l'a mife en morceaux, mais auec vn tranfport
Qui me montroit affez que fon amour eft mort.
I'ay crû que voftre nom refveilleroit, peut-être,
Le feu que dans fon cœur, vous fçcútes faire naître,
Et ie l'ay repeté cinq, ou fix fois....

BELAMIRE.

Hé bien,
Que t'a-t'il dit aiors?

IACINTE.

Vous le fçauez.

BELAMIRE.

Quoy?

IACINTE.

Rien,
Mais ce qui vous déuroit affliger dauantage,
Eft de voir que fur Vous, il a quelque auantage:
Car enfin vôtre Lettre....

BELAMIRE.

Ah! c'eft mon déplaifir.
Le mal eft fans remede.

IACINTE.

Il en eft à choifir.
Elle étoit fans deffus, & vous pouuez luy dire
Que ce n'eft pas à luy que vous vouliez écrire,
Et luy nommer quelqu'vn....

BELAMIRE.
Mais qui?

IACINTE.
Qui vous voudrez.

BELAMIRE.
Mais encore.

IACINTE.
Cherchez, & vous en trouuerez.

BELAMIRE.
Ie ne puis.

IACINTE.
Quoy, de rien paroiſtre embarraſſée!
Nommez luy le Marquis.

BELAMIRE.
I'en auois la penſée.

IACINTE.
Que de le bien punir, c'eſt là le vray moyen!
On dit déja qu'enſemble, ils ne ſont pas trop bien,
Et qu'ils ſe veulent battre.

BELAMIRE.
Hé bien, donc qu'ils ſe batent;
Ne m'en parle iamais, que leurs haines éclatent,
I'apprendray, d'Arimant, la mort auec plaiſir,
Elle ne peut trop tôt contenter mon deſir,
Et ie dois d'autant plus blámer ſon inconſtance,
Que nous auions tous deux aimé dés nôtre enfance,
Et que preſque auſſitôt que nous vîmes le jour,
L'vn pour l'autre, nos cœurs ſentitent de l'amour.
Nous ſçeûmes le goûter, auant que le conêtre,
Nous ne ſçauions pas bien ce que ce pouuoit étre;
Il ne commença point d'abord par des ſoûpirs,
Il nous fit, ſans chagrin, goûter ſes doux plaiſirs;
Et nos cœurs qui prenoient du plaiſir à le ſuiure,
Sembloient plûtot formez pour aimer, que pour viure.

D

Ce fut luy qui prit foin de former nôtre efprit,
On eft bientôt fçauant, quand l'Amour nous inftruit.
Dés nos plus jeunes ans, nous fûmes raifonables,
Il nous fit méprifer les jeux de nos femblables;
Nos plus grâds foins étoiét, de nous plaire tous deux,
De paroître toûjours conftamment amoureux;
Au plaifir de nous voir, nous bornions nôtre enuie,
Le plaifir nous fembloit le plus doux de la vie,
Et ie croyois alors, qu'on ne voyoit le jour,
Que pour goûter en paix, les douceurs de l'Amour;
Et mon cœur ayant pris cette douce habitude,
Ne croyoit pas qu'on pût y trouuer rien de rude.

IACINTE.

Que ce difcours touchant, caufe en moy de pitié!
Ie prens part à vos maux, & i'en fens la moitié.
Ie ne fçaurois pourtant m'empefcher de vous dire,
Quand même ie déurois vous apprefter à rire,
Qne ie croy que Géronte a pour vous de l'amour:
Mais fouuent le Marquis vient faire icy fa Cour!

SCENE V.

BELAMIRE, LE MARQVIS
IACINTE.

IACINTE.

QVoy, fans vôtre Habit neuf?
LE MARQVIS.
Sçauez-vous fon hiftoire?

BELAMIRE.

Non. IACINTE.

Vous n'en auiez point, vous le faifiez acroire.

LE MARQVIS.

Comme il faut à la Cour être fort ajufté,
Et que les Courtifans ont cette vanité,
Ie veux vous auoüer, fans faire le modefte,
Que i'eus dernierement, le defir d'être lefte,
Et que fouhaitant fort me tirer du commun,
Faifant faire vn Habit, i'en voulus auoir vn
De qui l'étoffe fût aufsi riche que belle:
Mais ie voulus fur tour, qu'elle fut bien nouuelle,
Et ie fouhaitois fort, s'il faut dire pourquoy,
Qu'aucun autre à la Cour, ne fût mieux mis que moy.
Mon Tailleur me promit vne étoffe admirable,
Et me jura qu'aucun n'en auroit de femblable.
Pour me le faire croire, il fit cent juremens;
Et moy, de bonne foy, ie crûs à fes fermens.
Cinq, ou fix jours apres, il me tint fa promeffe,
Et ie ne le pûs voir, fans beaucoup d'allegreffe;
Car à vous dire vray, ie trouuay cet Habit
Encor cent fois plus beau qu'il ne me l'auoit dit.
Ie m'habillay d'abord, & ie fus droit au Louure:
Là, fi-tôt que de loin vn chacun me découure,
On vient pour m'admirer ; & fans être étonné,
Ie me vis de cent Gens d'abord enuironné;
Mon Habit les furprend, les rauit, les étonne.
Enfin, pendant vne heure, il ne paffe perfonne,
De qui cet Habit neuf ne reçoiue vn boniour,
Et chaque Courtifan luy vient faire fa Cour.

D ij

L'vn me prend d'vn côté, puis vn autre me tire,
Et me dit, qu'à loifir, il faut bien qu'il m'admire.
Ie voyois de cent pas, venir des Curieux,
Qui du bout de la Cour, me deuoroient des yeux;
L'vn me prend ma Cafaque, & puis vn autre enfuite,
Me la tire à fon tour, quand celuy-là me quitte.
Ie voyois des Ialoux admirer froidement,
D'autres me regarder auec étonnement;
D'autres crioient tout haut, que cette étofe eft belle!
On n'en voit point encor, elle eft toute nouuelle;
Tout eft bien entendu, voyez qu'il a d'efprit!
En fçauroit-on douter, en voyant fon Habit?
Enfin, de cet Habit, l'heureufe deftinée
Fit qu'on parla de luy toute la matinée;
Le bruit s'en répandit dans chaque Apartement,
Et chacun s'entretint de mon ajuftement.
I'en fentois vn plaifir, qu'on ne peut bien décrire.

BELAMIRE.

Ce n'eft pas d'aujourd'huy, que chacun vous admire.

LE MARQVIS.

Il eft vray que chacun cajola mon habit,
Mais vous allez fçauoir ce qui me fit dépit.

BELAMIRE.

Vous n'en pûtes auoir, fi i'en croy l'apparence.

LE MARQVIS.

Ie me vantois déja, qu'on ne pouuoit en France

Trouuer aucun Habit qui reſſemblât au mien:
Et pour vous faire voir que ie le croyois bien,
I'étois preſt de gager, alors que pour ma honte,
Auec vn tout pareil, ie vis entrer Oronte.

IACINTE *à part, à Belamire.*

I'entens venir quelqu'vn, c'eſt ſans doute, Arimant.

BELAMIRE.

Ils ſe battront icy, cache le promptement;
Quoy qu'ils me touchét peu, ie crains trop le ſcãdale,

IACINTE *au Marquis.*

Fourez-vous là-dedans.

LE MARQVIS.

Mais....

IACINTE.

Mais que l'on détale.

BELAMIRE.

Entrez, pour m'obliger, ie vais auecque vous,
Car ie ne ſçaurois voir Arimant ſans couroux.

SCENE VI.
ARIMANT, IACINTE.

ARIMANT *fortant de la Chambre de Lucinde.*

IL le faut auoüer, Lucinde eſt adorable,
On trouue en ſon Eſprit, vn charme inéuitable:
Mais pour te dire tout, ie ſens dedans mon cœur,
Encor pour Belamire, vne trop forte ardeur.
Quand on s'eſt vne fois laiſſé charmer ſans peine,
Ce n'eſt pas tout d'vn coup que l'on paſſe à la haine,
Et ie crois, en ſongeant qu'elle a pû me charmer,
Que qui peut bien haïr, n'a pû ſçauoir aimer.
I'y tâche en vain, & ſens que cet effort eſt rude,
Que qui ſçait bien aimer, n'en perd point l'habitude,
Et que tout le dépit d'vn cœur qui s'y reſout,
Demeure au bruit qu'il fait, & n'en vient point à bout:
La haine, & le dépit, n'ont rien qui ſe reſſemble,
Bien qu'on croye ſouuent, qu'ils s'accordét enſemble,
Le dernier ne fait rien iamais de ce qu'il dit,
Et ſouuent l'Amour parle auecque le dépit:
Mais auant que ſortir, ie veux voir cette Ingrate,
Et deuant elle il faut que ma colere éclate.

IACINTE *ſe mettant deuant la porte, &*
faiſant malicieuſement les ſignes qu'il faut pour
faire connître qu'elle ne veut pas qu'Arimant
regarde dans la Chambre.

Elle eſt dedans ſa Chambre, & l'on ne la peut voir.

ARIMANT.

Quoy?

IACINTE.

L'on ne peut, vous dis-je ...

ARIMANT.

Au moins fais-moy sçauoir
Qui peut l'en empescher.

IACINTE.

C'est qu'elle veut écrire.

ARIMANT.

Elle est en compagnie, & tu n'oses le dire:
Mais par ton action, ie connois aisément ...

IACINTE.

Ie voy que vous allez faire vn faux iugement.

ARIMANT.

Le Marquis l'entretient, il est trop veritable.

IACINTE.

Et quand cela seroit, vn Homme raisonable
Qui se pique d'agir auec discretion,
Déuroit fermer les yeux, malgré sa passion,
Et ne pas témoigner, qu'il a bien sceu conétre,
Ce qu'on n'a pas dessein de luy faire parétre.

ARIMANT.

Ce discours est adroit, Iacinte, & ie l'entens.

IACINTE.

Si vous m'eutendez bien, c'eſt ce que ie prétens.

ARIMANT.

Elle vient, & ie dois quereller l'infidelle :
Mais quoy! mon dépit ceſſe, en la voyant ſi belle.

SCENE VII.

ARIMANT, BELAMIRE, IACINTE.

BELAMIRE *en approchant de la porte de la Chambre de ſa Mére.*

Sa preſence m'aigrit, & ie dois l'éuiter.

ARIMANT.

Auant que de ſortir, ie déurois l'écouter.

BELAMIRE *en renenant peu à peu.*

Mais auant que d'entrer, écoutons ce volage.

IACINTE *à Belamire.*

Quoy, vous manquez de cœur?

IACINTE *à Arimant.*

Vous manquez de courage?

ARIMANT à *Iacinte*.

Croy que c'est malgré moy.

BELAMIRE à *Iacinte*.

Mon cœur n'y consent pas.

ARIMANT à *Iacinte*.

Que vous a t'elle dit?

BELAMIRE à *Iacinte*.

Que disoit-il tout bas?

ARIMANT.

Madame, i'ose encor, vous faire vne priére,
Que i'espere de vous obtenir toute entiére.
Ayant icy reçeu des traitemens si doux,
Mon cœur n'a pas osé sortir hors de chez Vous;
Et vôtre Mére étant, & jeune, & veuve, & belle,
Il n'a pû s'empécher de soûpirer pour elle.
Ie croy qu'ayant appris qu'elle a sçeu me rauir,
Pres d'elle, asseurément, vous voudrez me seruir;
Et que vous ne pourrez me nommer infidelle,
Puis qu'enfin ie croiray vous adorer en elle.

BELAMIRE.

C'est bien fait, vous sçauez que i'aime le Marquis,
Et tantôt mon Billet doit vous l'auoir appris:
Et comme vous sçauez qu'il regne dans mon Ame,
Ie vous prie, à mon tour, de seruir nôtre flame;
Il veut de vôtre Pére en obtenir l'aueu,
De grace priez-le de sousscrire à son feu.
Vous ne pouuez trouuer cette demande étrange.

IACINTE à *Belamire*.

Que vous auez bien fait, de luy rendre le change!

ARIMANT.

I'y donneray les mains, autant que ie pourray!

BELAMIRE.

Ie parleray pour Vous, & ie vous seruiray.

ARIMANT.

Mais faites le fortir, vous le pouuez, Madame,
Apres m'auoir pour luy, découuert voftre flame.

BELAMIRE.

Et qui donc?

ARIMANT.

Mon Coufin, d'où naît cette rougeur?
Elle ne paroît pas, pour me tirer d'erreur:
Mais elle me fait voir, que vous êtes coupable,
Et que ie n'ay rien dit, qui ne foit veritable.

BELAMIRE.

Hé quoy! vous me croyez criminelle à ce poinct!

ARIMANT.

Ie vous rendray mon cœur, s'il ne s'y trouue point:
Mais pourvous môtrer mieux jufques oùva ma flame,
Iurez moy que iamais il n'a touché vôtre Ame,
Et quand vous me déuriez dire vne fauffeté,
Faites-moy croire, au moins, que c'eft la verité.

IACINTE à part

Ce n'eft pas là mon compte, il faut vfer d'adreffe.

BELAMIRE.

Vous auez, fans fujet, douté de ma tendreffe;
Mon cœur n'a iamais pû fouffrir one vous d'Amant.

IACINTE fur le pas de la porte de la Chambre de Lucinde.

Ste.

LE MARQVIS.

Hé bien.

IACINTE.

Suiuez-moy.

LE MARQVIS.

Mais....

IACINTE.

Venez doucement.

ARIMANT *en arreſtant le Marquis.*

Quoy, ſe pourroit-il bien.... Mais celuy-cy, Madame,
N'a-t'il encor iamais, eu de place en vôtre Ame?
I'aurois eu tort de croire à vôtre repentir.

BELAMIRE *à Iacinte.*

Gardez que dans la Ruë il ne puiſſe ſortir.

ARIMANT.

Voila de vôtre amour, vne preuue aſſez forte.

BELAMIRE *à Iacinte.*

Il faudroit que là bas on fermât bien la Porte.

En ſe retournant deuers Arimant.

Ingrat, ie laiſſe encor agir ma paſſion,
Et i'oublie aiſément ma réſolution.

LE MARQVIS.

Ie ne puis rien comprendre à toutes ces grimaces.

ARIMANT.

Ne dois-je point encor vous rendre mille graces,
Inconſtante, perfide....

SCENE VIII.

ARIMANT, BELAMIRE, LVCINDE, IACINTE.

LVCINDE.

He' d'où vient donc, ce bruit?

ARIMANT.

Demandez au Marquis, il en eſt bien inſtruit:
Vous le pourriez, encor, ſçauoir de Belamire.

IACINTE *à part.*

Tout va bien.

BELAMIRE.

Ie voulois....

ARIMANT.

Ah! gardez de rien dire.

I'ay soin de vôtre honneur, mais adieu pour iamais,

Au Marquis, en s'en allant.

Tu t'en repentiras, & ie te le promets.

LE MARQVIS *en s'en allant.*

Moy, Tu sçauras, dans peu. si ie crains ta menace.

SCENE IX.

LVCINDE, BELAMIRE, IACINTE.

IACINTE.

MAdame, ils se vont battre.

LVCINDE.

Empeschies les, de grace.

IACINTE *en s'en allant.*

N'en apprehendez rien.

LVCINDE.

Suy les, donc, promptement.

BELAMIRE.

Hé quoy, mon cœur, tu crains pour vn perfide Amant.

Fin du Second Acte.

ACTE III.

SCENE PREMIERE.

LVCINDE, IACINTE.

LVCINDE *fortant de fa Chambre, rencontrant Iacinte.*

Voy, tu reuiens déja?

IACINTE.

I'ay tout dit à Géronte,
Comme il en a fait faire vne recherche promte,
Et qu'on les a trouuez, il a fait à son Fils,
Sans éclaircissement, embrasser le Marquis.
Il sembloit qu'il étoit de nôtre intelligence,
I'en rend graces au Ciel, encore quand i'y pense,
Mais i'ay bien de la peine à deuiner pourquoy
Il fait croire à son Fils, Belamire sans foy.
Ce succés répond-il, Madame, à vôtre attente?

LVCINDE.

Ie doy, loin de m'en plaindre, en parétre contente,

E

Mais s'ils se peuuent voir, tu conétras vn jour,
Qu'vn dépit éclaircy, r'alume vn fort amour.

IACINTE.

Si vous craignez cela, ie ....

LVCINDE.

Ie crain dauantage,
Quand sérieusement ie songe au Mariage,
Et.... Mais tu m'entens bien?

IACINTE.

Quoy?

LVCINDE.

Mon Dieu, les Enfans....

IACINTE.

Ie vous entens, nous font vieillir auant le temps,
Gâtent, souuent, la Taille, aféblissent les Charmes,
Et donnent aux Beautez, d'éternelles allarmes:
Mais si vous craignez tant de courir ce hazard,
Il faut absolument faire....

LVCINDE.

Quoy?

IACINTE.

Lit à part.

Vous le pourrez, étant d'assez grande naissance,
Et par là vos Beautez seront en assûrance.
Cela rend les Marys toûjours obeïssans,
Respectueux, soûmis, supplians, languissans:

Mais si vous ne pouuez en être la Maîtresse,
Et qu'enfin, vou foyez réduite à la Groffeffe,
Au Conuent, de bonne heure, enuoyez vos Enfans,
Et faites ce qu Iris a fait depuis deux ans.
Sa grande Fille étant dedans vn Monaftére,
Voulut reuenir voir & le Monde & ſa Mére.
Elle l'en fit fortir, mais ſçauez vous comment
Elle fit voir le Monde à cet Objet charmant?
Elle fit promener cette belle Crédule,
Au Cours, en plein Midy, pendant la Canicule,
Pour l'obliger par là, d'en auoir du dégoût.
Elle la tint toûjours, ignorante de tout,
Luy fit voir des Galans brutaux & ridicules,
Fit dedans ſon Eſprit, jetter mille ſcrupules;
Et du beau Monde, enfin, luy cachant les plaifirs,
Et luy montrant les maux, elle eût d'autres defirs.
Ainfi, fort dégoûtée, elle pria ſa Mére
De la vouloir bientôt, remettre au Monaftére.
Pour les Garçons, encor qu'ils ſoiét fort beaux Enfans,
Elle ne les void point depuis cinq, ou ſix ans:
Deux ſont dans vn Collége, & deux ſont à l'Armée.
Quand ceux-cy furent grands, elle en fut alarmée,
Et les cruels Attrais la bannirent d'abord,
Croyans qu'au Lit d'Hôneur ils trouueroiét la mort.
Elle ne craint pour eux, ny Fiéure, ny Rougeole,
Et ne blâmeroit pas la petite Vérole,
Si par là....

LVCINDE.

C'est aſſez, Iacinte, ie t'entens.

IACINTE.

I'en ſçay qui n'ont iamais, voulu voir leurs Enfans,
Et d'autres qui les font nourrir chez des Parentes,
Qui pour les éleuer, ſont aſſez obligeantes.

E ij

LVCINDE.

Laiffons là, le Prochain.

IACINTE

Pour moy, ie le veux bien,
Et puis n'en parler point, car ie n'en fçay plus rien.

LVCINDE.

Ie rentre dans ma Chambre, & n'ay rien à te dire.
Si tu vois Arimant.... Mais i'ay tort de t'inſtruire,
Tu fçais bien mieux que moy, comment tu dois agir,
Et ie ne fçaurois plus t'en parler, ſans rougir.

SCENE II.

IACINTE ſeule.

PVis que i'ay commencé, l'on peut me laiſſer faire;
Ie veux à mon honneur, ſortir de cette affaire.
De l'amour du Marquis, l'on pourra s'éclaircir:
Mais i'ay d'autres moyens, encor, pour réüſſir.
Ie penſe que Géronte aime vn peu Belamire,
Ce Vieillard la vient voir, la courtiſe, l'admire;
C'eſt aſſez, quand pour elle, il n'auroit point de feu,
Pour m'aider à joüer encor vn nouueau jeu.
Mais Arimant parêt.

SCENE III.
ARIMANT, IACINTE.
IACINTE.

MA peine est sans seconde;
Pour vous faire enrager, on aime tout le Monde,
L'on cherche à vous déplaire, & l'on prêd aux cheueux
La moindre occasion qui peut nuire à vos feux.
De l'amour du Marquis, ie ne sçay plus que dire,
Vostre Pere, en secret, adore Belamire,
Et comme il n'ose encor, luy découurir ses feux,
Elle semble courir au deuant de ses vœux.
Par des soûris adroits, elle enhardit sa flâme,
Et fait tout ce que peut faire vne adréte Femme,
Est complaisante en tout, & ie croy que dans peu,
Il doit ouuertement, luy découurir son feu.
Il sera bien reçeu, comme elle a fait conétre,
En médisant tantôt : Arimant croit, peut-étre,
Que si pour le Marquis, mon cœur n'a point d'amour,
I'iray, pour l'appaiser, le rechercher vn jour:
Mais côme il a dessein d'étre vn jour mon Beau-Pére,
Ie veux en méme temps, étre sa Belle-Mére.
Ainsi, i'auray par là, moyen de me venger,
Et n'épargneray rien, pour le faire enrager,
D'vn Vieillard amoureux, ie sçauray gagner l'Ame,
Mais il pourra bien moins sur vne jeune Femme.

ARIMANT.

A tout vôtre discours, i'ajoûte aisément soy;
Oüy, mon Pére l'adore, il est vray, ie le croy,

E iij

Puis que plus de cent fois, il est venu me dire,
Qu'il sçauroit m'empécher d'épouser Belamire,
Qu'il auoit fait dessein de m'engager ailleurs,
Et jettoit l'œil, pour moy, sur des Partis meilleurs.
D'vn si prompt changement, j'ignorois le Mystére.
Si ie n'ay pas la Fille, il faut auoir la Mére.
L'incident du Marquis, a chassé de mon cœur
Les restes languissans de ma premiére ardeur.
Ie n'y veux plus songer, j'ay l'aueu de mon Pére,
Et deuant qu'il soit peu, j'épouseray sa Mére;
Elle est encore jeune, elle a beaucoup d'Appas,
Et puis, pour se venger, que ne feroit-on pas?

IACINTE.

Si Géronte consent à vôtre Mariage,
Il aime Belamire, en faut-il danantage?

ARIMANT.

Mais ie vois cette ingrate, & volage Beauté,
Ie ne puis la souffrir, apres sa lâcheté.

SCENE IV.

ARIMANT, BELAMIRE, IACINTE.

ARIMANT.

VOus pouuez demeurer, ie vous cede la place;
Y rester auec vous, seroit vous faire grace:
Mon cœur, à vôtre exemple, est deuenu leger,
Et de mon premier feu j'ay sçeu me dégager.

Mais bien que vous ayez du pouuoir sur mon Pére,
Vous n'oserez, ie croy, déseruir vôtre Mére;
Et n'empécherez point qu'vn doux Hymen, dans peu,
De Lucinde, & de moy, ne couronne le feu.
Ie ne déguise point, c'est tout de bon, Madame,
Et ie vay, de nouueau, l'assûrer de ma flâme,
Luy dire qu'elle peut choisir l'heure, & le jour,
Qui doit aux yeux de tous, faire voir nôtre amour.

Il entre en la Chambre de Lucinde.

SCENE V.

BELAMIRE, IACINTE.

IACINTE.

IE conoy par ce trouble, & par vôtre silence,
Que vous l'aimez encor, malgré son inconstance.

BELAMIRE.

Ah! c'est trop me brauer, & lasser mon ardeur,
Ie dois entiérement, le chasser de mon cœur:
Oüy, ie veux qu'aujourd'huy, tout mon amour expire,
Si ie n'en viens à bout du moins ie le desire:
Mais, helas! ce desir, meurt presques en naissant.

IACINTE.

Ie croyois que l'Amour, sur vous, fut moins puissant.

BELAMIRE.

Comme il fçeut me charmer même dés mó Enfance,
Ie fens que mon amour a tant de violence,
Que malgré moy, mon cœur eft prefque de retour,
Et qu'il veut repaffer de la Haine à l'Amour.
Oüy, lors que ie r'appelle en ma trifte penfée,
La violente ardeur de fa fláme paffée,
Et les tendres tranfpors dont il fceut l'exprimer,
Mon cœur confent à peine, à ne le plus aimer.
Oüy, quãd ie fõge aux foins qu'il prenoit de me plaire,
De me bien diuertir, d'éuiter ma colére,
A la peur qu'il auoit de me choquer en rien,
A l'ardeur qu'il montroit d'auoir mon entretien,
A fes viues douleurs, à fes foins, à fa plainte,
Lors que du moindre mal, ie refentois l'atteinte,
Et quand ie fonge encor, à fes tendres foûpirs,
A fes profonds refpects, & que tous fes defirs....
Mais dites, fe peut-il qu'il me foit infidelle?

IACINTE.

Ie voudrois qu'il trouuât vôtre Mére moins belle,
Et que l'on pût douter de cette verité.

BELAMIRE.

Faites-moy, donc, bien voir fon infidelité,
Etoufez dans mon cœur, ma honteufe tendreffe,
Donnez m'en de l'horreur, fecourez ma fébleffe:
Mais vous deuez, fur tout, m'empécher de le voir,
Si toutesfois, fur moy, vous auez ce pouuoir.
Ie fçay bien que ie puis, en déguifant ma fláme,
Dire que la fureur régne feule en mon ame,

M'emporter quereller, & malgré mon amour,
Mettre vne feinte haine, & des mépris au jour;
Mais ie sens bien aussi, que malgré ma colére,
C'est le plus grand effort que mon cœur puisse faire.
Il le voudra du moins, & ie croy qu'il le peut,
Si quand on aime bien, l'on peut tout ce qu'on veut.

IACINTE.

Mais ie voy deuers nous, Géronte qui s'auance.

SCENE VI.

BELAMIRE, IACINTE, GERONTE.
GERONTE.

MAdame, de mon Fils, vous sçauez l'inconstance,
Il tousse.
Et ie viens ... hais, hais, hais, pour vous, hais, hais,
vous, vous....

IACINTE.

Mais d'où vous vient, Monsieur, cette méchâte toux?

GERONTE.

C'est vne toux d'Amour.

IACINTE.

Vous aimez à vôtre âge?

GERONTE.

C'eſt à mon âge auſſi, qu'on aime dauantage,
Et que l'on peut aimer méme plus conſtamment.

IACINTE.

Et qui, donc, aimez-vous?

GERONTE.

C'eſt....

IACINTE.

Parlez librement,
La pudeur vous retient, & vous n'oſez le dire.

GERONTE.

Ie conoy que mon cœur auprés de Belamire,
Me dit par vn ſecret & frequent batement,
Que ie dois auoüer que ie ſui ſon Amant.

BELAMIRE.

A vôtre Fils, Monſieur, ie ſuis déja promiſe,

IACINTE.

Faire ſur ſa Maîtreſſe vne telle entrepriſe,
Et mettre contre luy, tant de flámes au jour,
C'eſt juſtement commettre vn Inceſte en amour.

GERONTE.

Mon Fils est vn Ingrat, vn Lâche, vn Infidelle,
Il adore Lucinde, & la trouue plus belle.
« Belamire.
Trouuez, pour m'empêcher d'entrer dâs le Tombeau,
De vôtre lâche Amant, le Pére, aussi plus beau.
Cette belle action vous couurira de gloire.

IACINTE.

N'auoy-je pas bien dit, Madame? Il me faut croire,
Ie sens l'Amour de loin.

GERONTE.

       Quoy que d'âge auancé,
Tout ce que i'eus de beau, n'est pas encor passé,
Ie puis bien me vanter d'vn peu de bonne mine,
D'auoir le teint fort frais, & la taille assez fine.
Ie suis gay, vigoureux, & plus plein de santé,
Qu'aucun autre iamais, à mon âge ait été.
Mes yeux vifs, & brillans, parlent de ma tendresse,
Et font voir que iamais, la plus viue jeunesse,
Dans les boüillans transpors de sa plus forte ardeur,
N'a senty plus de feu que i'en ay dans le cœur.
Outre tout mon amour, i'ay l'auantage insigne
De chanter bien encor.

IACINTE.

       Chantez vous comme vn Cygne?
Vous êtes aussi blanc.

GIRONTE.

Parmy mes blancs cheueux,
On en trouue de bruns : mais l'ardeur de mes feux
Vous déuroit, ce me femble, affez faire conêtre,
Que plûtot que les ans, le chagrin les fit naître.
Ie fais encor des Vers, comme en mon jeune temps,
Et i'en ay fait pour vous, de plus beaux qu'à vingt ans.
Ie puis vous dire, enfin, que pour vous, dans mon Ame,
Ie fens vne cruelle, & violente flâme:
Si vous ne l'écoutez, vous me ferez affront,
Puis que ie fais encor, ce que les autres font.

IACINTE.

Ecoutez-le, Madame, afin que cette rufe
Alarme vôtre Amant.

BELAMIRE.

Monfieur, ie fuis confufe,
Et ie dois anoüer, que ie ne croyois pas
Que vous pûffiez aimer de fi fébles Appas.
Mais ie voy vôtre Fils qui vient auec ma Mére,
Ie fens que fa préfence excite ma colére;
Et vous pouuez, enfin, commencer, aujourd'huy,
A me parler d'amour, & méme deuant luy.

SCENE VII.

GERONTE, BELAMIRE, LVCINDE, ARIMANT, IACINTE.

Il faut que dans cette Scene Géronte & Lucinde sépa-
rent les deux Amans : & que Iacinte soit au mi-
lieu de tout, vn peu derriere.

ARIMANT *à Lucinde.*

IE vous le disois bien, voyez vous l'infidelle?

GERONTE *à Belamire.*

Oüy, ie veux vous aimer d'vne ardeur éternelle;
Ie vous l'ay déja dit, mon cœur est tout à vous,
Et dans peu, ie prétens deuenir vôtre Epoux.
    à Lucinde.
En vous donnant mon Fils, donnez-moy Belamire;
Pour vous, auec plaisir, ie consens qu'il soûpire:
Mais vous deuez, aussi, Madame, à vôtre tour,
Souffrir que cette Belle approuue mon amour.

IACINTE *à Lucinde.*

Donnez-luy, vous pourrez n'être iamais Grand'Mére.

LVCINDE.

I'y consens de bon cœur.

ARIMANT.

                Si quelqu'autre qu'vn Pére
M'enleuoit vn Objet qui cause tous mes vœux....

F

IACINTE.

Hé quoy, vous prétendiez vous marier à deux?
N'aimez-vous pas Lucinde?

ARIMANT.

à Lucinde.

Il est vray : Mais, Madame,
Vous deuez excuser le trouble de mon Ame.

BELAMIRE *à Arimant.*

Quoy? vous l'épouserez?

ARIMANT.

Ses charmes sont bien doux.

IACINTE *à Belamire.*

Sçachez que vôtre Mére est plus jeune que vous.

GERONTE *à Belamire.*

L'aimeriez-vous encor?

BELAMIRE.

J'oubliois son injure,
Et ie ne songeois plus que ce n'est qu'vn Parjure;
Ie ne puis le souffrir, il m'est trop odieux.

ARIMANT *à Lucinde.*

Ie puis facilement trouuer dedans vos yeux,
En se retournant vers Belamire.
Dequoy me consoler. N'esperez pas, Madame,
Que ie pense iamais à ma premiére flame.

BELAMIRE *à Géronte.*

De mon cœur pour iamais, ie sçauray le banir.
Deuers Arimant.
Croyez que mon amour ne peut plus reuenir.

ARIMANT.

Euſt-on pû le penſer?

BELAMIRE.

Auroit-on pû le croire?

ARIMANT.

M'oublier !

BELAMIRE.

Me chaſſer ſi tôt de ſa mémoire!

ARIMANT à *Lucinde*.

Mais, Madame....

LVCINDE.

Il faudroit....

ARIMANT à *Lucinde*.

Ne remarquez-vous pas,

Comme, de ſon amour elle luy parle bas?

BELAMIRE à *Géronte*.

Il le faut auoüer, ma peine eſt ſans pareille,

Voyez que de ſa Flâme, il luy parle à l'oreille.

à *Arimant*.

Vous ſerez donc mon Pere?

ARMANT à *Belamire*.

Et vous, ma Mére auſſy?

I'en ay peu de chagrin.

BELAMIRE.

Et moy, peu de ſoucy.

ARIMANT à *Lucinde*.

Ie l'aimois toutefois, & malgré ma colére,

Ie ſens....

LVCINDE à *Arimant*.

Eſt-ce par là que vous me voulez plaire.

F ij

A R I M A N T *à Lucinde.*

Ah! Madame, excufez les tranfpors d'vn Amant.

B E L A M I R E *à Géronte.*

Il le faut auoüer, ie l'aimois tendrement,
Et fens, encor, pour luy, que mon cœur....

G E R O N T E *à Belamire.*

Quoy, Madame,
Prétendez-vous par là, me prouuer vôtre flâme?

A R I M A N T.

Pour la derniere fois, ie la veux quereller.

B E L A M I R E.

Pour la derniere fois, laiffez-moy luy parler.

L'vn paffe par denant Lucinde, & l'autre par denant
Géronte; & prenant tous deux le milieu, ils fe
trounent l'vn pres de l'autre.

L V C I N D E *à Arimant, en l'arreftant.*

Vous ne le deuez point, gardez bien de le faire.

I A C I N T E *à Arimant.*

Arrétez...

A R I M A N T.

Ie prétens luy montrer ma colére.

G E R O N T E *à Belamire, en l'arreftant.*

Que faites-vous?

B E L A M I R E.

Ie veux luy montrer mon dépit.

Là ils fe trounent l'vn preft de l'autre.

Mais quoy! le cœur me bat!

ARIMANT.

Ie suis tout interdit.

BELAMIRE,

Ie ne sçaurois parler.

ARIMANT.

Ie ne sçay que luy dire.

BELAMIRE.

Quoy? l'aimerois-je encor?

ARIMANT.

Ie croy que ie soûpire.

BELAMIRE.

Vous ne m'aimez, donc, plus?

ARIMANT.

Vous ne m'aimez, donc, pas?

BELAMIRE.

Parlez vous?

ARIMANT.

Parlez vous?

BELAMIRE.

Que puis-je dire, helas!

GERONTE.

Ce jeu qui me déplaît, lasse ma patience;
I'ay voulu quelque temps, me contraindre au silence,
Mais, enfin, ie conoy que souuent les Amans
Se disent des douceurs dans leurs emportemens,
Et que chez eux le nom d'Ingrat, & d'Infidéle,
Veut dire. ie vous aime, & marque trop de zéle.
    à son Fils.
Cependant, est-ce ainsi que l'on doit m'obeïr?
    En montrant Belamire.
Et deuez-vous l'aimer, pour m'en faire haïr?

F iij

Si vous montrez iamais d'amour à cette Belle,
Si i'apprens que iamais, vous soûpiriez pour elle,
Ie..... Mais sortez d'icy.

ARIMANT.

Ie ne veux plus l'aimer.

LVCINDE.

Il faudroit qu'elle sçeut vn peu moins le charmer.

SCENE VIII.

ARIMANT, LVCINDE, BELAMIRE, GERONTE, IACINTE, ERGASTE.

ERGASTE.

MAdame, sçauez-vous que par tout on publie
Le retour de Monsieur?

IACINTE.

Ce n'étoit point folie,
Ie disois bien tantôt, qu'on pouuoit le reuoir.

LVCINDE à Iacinte.

D'où peut venir ce bruit? va viste le sçauoir.

Elle sort auec Ergaste.

GERONTE.

Las' il n'est que trop mort, quãd nous fismes naufrage,
Il ne pût, comme moy, regagner le riuage,
Et depuis ce malheur, dont i'ay beaucoup d'ennuy,
Personne n'a sçeu de nouuelles de luy.
Depuis quatre ans, ie pleure vn Amy si fidelle,
Et ce bruit est, sans doute, vne fausse nouuelle.

SCENE IX.

LVCINDE, ARIMANT, BELAMIRE, GERONTE, IACINTE.

IACINTE.

MA foy, c'eſt tout de bon, il ne ſe trompoit pas,
Et i'ay trouué Cleon, qui l'aſſûroit là bas;
Il vient, aſſeurément, pour danſer à la Noce,
Il eſt, peut-étre, allé décendre chez Mandoce,
Croyant que le Feſtin ſe fait chez ce Traiteur.

GERONTE.

Celuy qui vous l'a dit, doit étre vn Impoſteur.

IACINTE.

I'auois raiſon tantôt, Neptune le renuoye,
Pour venir prendre part à la commune joye.
Ie croy que de ſon ſort il aura pris pitié,
Ayant ſçu qu'il auoit vne jeune Moitié.

SCENE X.
LVCINDE, ARIMANT, BELAMIRE, GERONTE, IACINTE, LE MARQVIS.

LE MARQVIS *à Lucinde.*

MAdame, fçauez-vous vne grande nouuelle?

LVCINDE.
Que feroit-ce? parlez.

BELAMIRE.
Hé bien donc, quelle eft-elle?

LE MARQVIS.
Cléante eft de retour, ie viens de le quiter.
Il eft chez vn Baigneur, & s'y fait ajufter:
Et comme il ignoroit d'abord cette Demeure,
Pour l'apprendre, il vouloit s'y repofer vne heure.

LVCINDE *à part.*
Que ie crains de le voir!

GERONTE.
Par quel éuénement
A-t'il pû fe fauuer?

LE MARQVIS.
I'ay fçeu confufément,
Qu'vn Vaiffeau qui paffa, le fauua du naufrage;
Mais que le méme, enfin, le mit dans l'Efclauage.

GERONTE.

Mais puis qu'il va venir, nous ſçaurons tout de luy.

LVCINDE.

I'en reſſens de la joye, enſemble, & de l'ennuy;
De reuoir vn Epoux, i'ay beaucoup d'allégreſſe,
Et de perdre vn Amant, i'ay beaucoup de triſteſſe.
Adieu, ie vais ſonger à mes ſecrets ennuis:
Mais i'eſpere, dans peu, vous embraſſer en Fils,
Belamire vous aime, & n'eſt point infidelle.

LE MARQVIS.

Pour moy, ie m'en vais rire, ou pleurer auec elle.

SCENE DERNIERE.

GERONTE, ARIMANT, BELAMIRE, IACINTE.

IACINTE à *Arimant.*

C'Eſt ſur moy que déuroit tomber vôtre courroux,
Belamire, iamais, n'aima d'autres que vous.
à *Belamire.*
Ie puis, vous dire, auſſi, qu'Arimant eſt fidelle;
Et pour vous mieux prouuer cette grande nouuelle;

Voila vôtre Billet, qui n'eſt point déchiré.

à Arimant.

Elle vous l'écriuoit, ſoyez-en aſſeuré,
L'incident du Marquis étoit vn tour d'adreſſe,
Que ie faiſois joüer, pour ſeruir ma Maîtreſſe.

GERONTE *à Iacinte.*

Que nous viens-tu conter? tu te moques de nous.

à ſon Fils.

Si ie vous vois, encor, luy faire les yeux doux....

ARIMANT.

Puis-je vous obeïr, ſi l'Amour ne l'ordonne?

BELAMIRE.

Si ie n'ay vôtre Fils, ie veux n'étre à perſonne,
Et puis qu'il me conſerue vne fidelle ardeur,
Vous n'obtiendrez iamais, ny ma main, ny mô cœur:
Mon Pére de retour, voudra nôtre Hymenée,
Et c'eſt à vôtre Fils qu'il m'auoit deſtinée,
Vous ſçauez qu'il l'aimoit, & méme tendrement.

ARIMANT.

Vous donnâtes alors, vôtre conſentement.

GERONTE.

Que cela m'embarraſſe !

BELAMIRE.

                    Hé quoy! pour vôtre Fille,
Me refuſeriez-vous?

GERONTE.

Entrez dans ma Famille,
Ie le veux, & ne puis en vfer autrement.
Ie confens que mon Fils foit. encor, vôtre Amant;
La Raifon me l'ordonne, auffi bien que mon âge,
Et malgré mon Amour, ie veux parétre fage.

FIN.

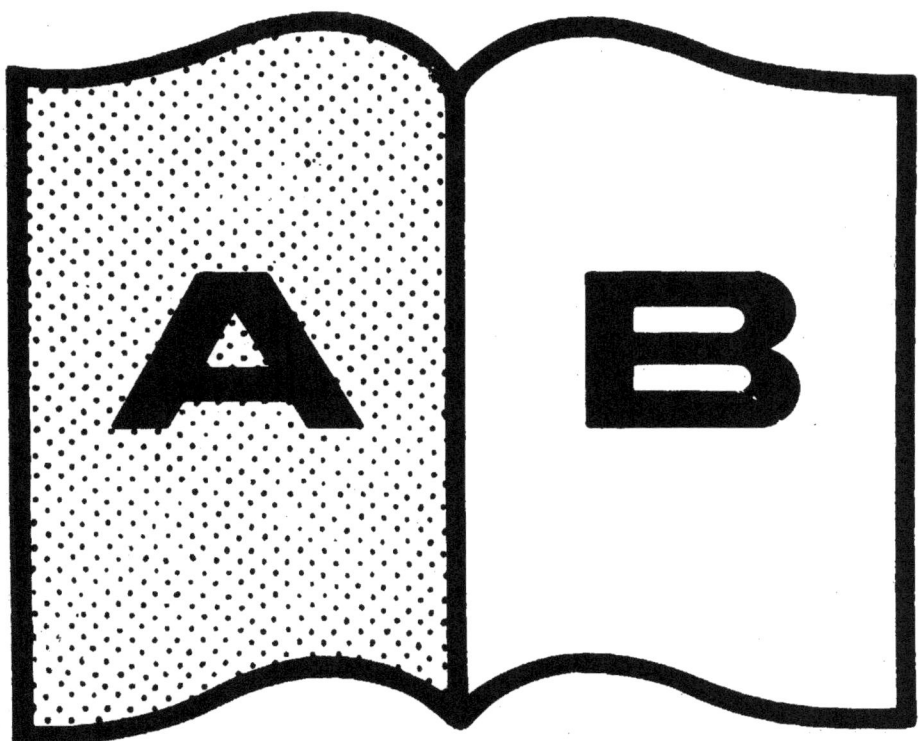

Contraste insuffisant

NF Z 43-120-14

www.ingramcontent.com/pod-product-compliance
Lightning Source LLC
LaVergne TN
LVHW050624090426
835512LV00008B/1653